人生が変わる習慣

アンソニー・バーグランド 著
弓場隆 訳

人生が変わる習慣

挑戦をつづける

人生は戦いの連続だ。
やめてしまえば負ける。
最後までやりとげれば勝てる。
戦い抜くには不断の努力が必要だ。

人生は困難の連続だ。
逃げれば窮地におちいる。
立ち向かえば窮地を打開できる。
困難を乗り越えるには気迫が必要だ。

人生は冒険の連続だ。
恐れれば何も得られない。
思いきれば成果が得られる。
冒険をして道を開くには勇気が必要だ。

人生は失敗の連続だ。
あきらめればそこで終わる。
あきらめなければ流れが変わる。
失敗を乗り越えて成功するには粘り強さが必要だ。

Make Your Dreams Come True
By Anthony Bergland

目次

第3章　社会に貢献する

第4章 ベストを尽くす

第5章 いい人間関係を築く

第6章　成長しつづける

第7章　あきらめない

はじめに

世の中には三種類の人がいます。夢を見る人、夢をこわす人、夢を実現する人です。ある調査によると、アメリカの約二億人の大人のうち、夢を見る人が三〇パーセント、夢をこわす人が六五パーセント、夢を実現する人が五パーセントだといいます。つまり、約一千万人が夢を実現する人ということになります。

この人たちをうらやむ必要はありません。あなたも見習えばいいのです。夢を実現する人になるためには、まず、夢を見る人になる必要があります。夢を見なければ何も始まらないからです。そして次に、夢をこわす人と距離をおく必要があります。夢をこわす人は、自分の夢だけでなく他人の夢もこわそうとするからです。みじめな仲間を増やして安心したいのかもしれません。

夢を実現する人は、自分の夢をかなえるだけでなく他人の夢の実現を助けます。マイクロソフトの創業者ビル・ゲイツがその典型です。彼が画期的なソフトを開発したおかげで、世界中の大勢の人が恩恵を受けて次々と夢を実現しました。ビル・ゲイツは世界一の億万長者ですが、自分の利益のみをめざすエゴイストではありません。彼は福祉活動に私財を投じ、全世界の恵まれない人たちを支援している偉大な人物です。

あなたも夢を実現して社会に貢献しましょう。ビル・ゲイツのような億万長者にならなくても、それはできます。

あなたは一生懸命に努力して偉くなるべきです。ただし、誤解してはいけません。偉くなるとは、おごり高ぶることではなく人びとに尽くすことです。高い志を持ち、謙虚な姿勢で社会に貢献することが、人として最も尊い生き方です。

アンソニー・バーグランド

「私は何も発明していない。私の夢が発明をしてくれたのだ」

――トーマス・エジソン(アメリカの発明家)

第1章　夢を持つ

1　大きな夢を見よ。その実現のために努力をせよ。

夢を見ることはとても重要です。**夢のない人生ほどつまらないものはありません。夢を見ましょう、大きな夢を。**それはあらゆる業績の出発点です。

ミズーリ州の小さな田舎町で幼少期をすごした一人の少年は、夢を見るのが大好きでした。いつも夢を見ては、それを絵で表現することを日課にしていました。ところが、小学校の先生は絵の才能を評価してくれませんでした。

少年はそれでも夢を捨てず、絵を描きつづけました。そして二十二歳でハリウッドに行き、映画スタジオをつくって活動の拠点にしました。

この人物は本名をウォルター・イライアス・ディズニーといい、ウォルトの愛称で人びとに親しまれていました。

ウォルト・ディズニーの偉業のひとつは、ワニの生息する広大な湿地帯を埋め立てて、そこに魔法の国をつくるという壮大な夢を実現したことです。フロリダ州にあるディズニー・ワールドは何年もかけてできあがりました。総面積は約百二十平方キロメートルで、ゴルフコースやレースサーキット、リゾートホテルなどが含まれています。

一人の少年が心の中で抱いていた夢が、人類史上最大のテーマパークを生み出し、世代を超えて大勢の人に感動を与えつづけているのです。

あなたは今、どんな夢を見ていますか。途方もない夢でもかまいません。その実現に向かって一生懸命に努力をしましょう。夢を見るだけではなく、努力をすることが大切です。

2　明確なイメージを心の中で思い描け。それは夢の実現への重要なステップだ。

一九二〇年代、毎日のようにサンフランシスコ湾の近辺にたたずみ、じっと海をながめてすごす男がいました。前方にはサンフランシスコとマリン半島を結ぶゴールデンゲート海峡が横たわっています。男はこの海峡に巨大な橋を架ける夢を見ていたのです。

当初、そんな夢は実現不可能だとして誰も相手にしませんでした。しかし、その夢は男の心の中でしだいに現実味を帯び、明確なイメージになるにつれ、それに共鳴する人たちが現れたのです。

一九三七年、設計技師ジョセフ・ストラウスの夢は、全長約千二百八十メートル、水面からの高さ約二百三十メートルという勇壮な吊り橋となって実現しました。これが有名なゴールデンゲートブリッジ（金門橋）です。

その後、この橋は拡張され、大西洋側の自由の女神と並ぶ太平洋側のアメリカのシンボルとして、毎年、大勢の観光客を魅了しています。

ストラウスが壮大な夢を実現したのは、たんに夢を持っていたからではなく、それが実現したときの様子を心の中で明確にイメージしたからです。

最初は空想であってもいいのです。誰からも相手にされなくてもかまいません。夢を明確にイメージすれば、やがてそれは実現します。

3 夢の実現に年齢は関係ない。決意したときが最適の年齢だ。

夢を持っているのに、年齢を気にして夢の実現をあきらめている人は大勢います。典型的な言い訳は「年をとりすぎている」です。しかし、大きな業績をあげた人たちの中には、今のあなたより年をとっている人はいくらでもいます。

ロナルド・レーガンは一九八〇年に六十九歳で大統領に就任し、二期当選を果たして七十八歳で引退するまで精力的に働きました。すでに故人となっていますが、強いアメリカを復活させた人物として今でも国民から敬愛されています。

一九七三年、ジョージ・フォアマンは二十四歳で王者ジョー・フレージャーを破って世界ヘビー級チャンピオンになりました。しかし、モハメド・アリに王座を追われ、無名の選手に負けて引退したあと伝道師になります。三十八歳でリングに復帰すると、専門家たちは「どうせムリだ」と一笑に付しました。ところが、フォアマンは快進撃をつづけ、一九九四年、二十六歳のマイケル・モーラーにKO勝ちして四十五歳で史上最年長のヘビー級チャンピオンになりました。

その反対に若い人の成功例もあります。ビル・ゲイツはハーバード大学を中退して友人とマイクロソフトを立ち上げましたが、当時まだ二十歳でした。また、マイケル・デルはわずか千ドルの資金で会社（現在のデルコンピュータ）を設立しましたが、当時まだ十九歳でテキサス大学に在学中でした。二人とも実務の経験はありませんでしたが、零細企業を世界的企業にまで成長させました。

どの仕事でも、「年をとりすぎている」とか「若すぎる」というのは、恐怖心を覆い隠すための言い訳にすぎません。「前例がない」と言う人もいますが、それなら自分で前例をつくればいいのです。何をするにせよ、今が最適の年齢です。

4 一夜にして夢をかなえる人はいない。地道な基礎固めが大切なのだ。

竹は種類によっては地上から芽を出すとわずか三ヶ月で一気に三十メートルも伸びることが知られています。一見したところ驚異的な成長ですが、それまで約十年間にわたり地下茎を張りめぐらせて土の中から養分を吸い上げていたことを見落としてはいけません。

人間もそれと同じです。成功するためには、長年にわたる地道な基礎固めが必要なのです。

他人の活躍を見て一夜で成功したものと錯覚し、自分もそうなりたいと思うかもしれません。しかし、その人が誰も見ていないところで地道な基礎固めをしてきたことに思いをはせてください。

大リーガーが莫大な報酬を得るのは、子どものころから人の何十倍も何百倍も練習に励み、長年にわたり過酷なトレーニングを積んできたからです。

医師や弁護士が人びとの尊敬と信頼を集め、高収入を得るのは、若いころから人の何十倍も何百倍も勉強して研鑽を積み、難関を突破して資格を得たからです。

このように、地道な基礎固めをすることは、実り豊かな人生を送るうえで欠かせません。

もしあなたが自分の才能を生かして好きな道で成功したいと思うなら、今からでも決して遅くありません。すぐに成功しようなどと思わず、じっくり地道な基礎固めをしましょう。その習慣を辛抱強くつづければ、いつか必ず夢が実現する日が来ます。

5　夢の実現を左右するのは能力の差ではない。それは主にセルフイメージの差だ。

人はみな、夢を実現して成功する潜在能力を持っています。ちょうど、どんぐりが巨大な樫の木に成長する潜在能力を持っているのと似ています。

では、どうすれば潜在能力を発揮できるのでしょうか？　それにはまず、セルフイメージを高める必要があります。

セルフイメージとは、「自分はこういう人間だ」と心の中で思い描いているイメージのことです。**もし「自分はつまらない人間だ」と思っているなら、いくら潜在能力を持っていても発揮することはできません。それに対し、もし「自分は素晴らしい人間だ」と思っているなら、潜在能力をぞんぶんに発揮できます。**

ごく少数の天才を除けば、人間の持つ潜在能力に大差はありません。にもかかわらず個人差が顕著に現れるのは、セルフイメージに差があるからです。

セルフイメージは人生のあらゆる分野で顕著に現れます。仕事の業績、経済状態、恋愛の対象などなど。

具体例をあげましょう。

・「仕事ができる」というセルフイメージを持っている人は、「仕事ができない」というセルフイメージを持っている人よりはるかに大きな業績をあげる。
・「金持ちになる」というセルフイメージを持っている人は、「永遠に貧乏だ」というセルフイメージを持っている人よりはるかに大きな財産を築く。
・「魅力がある」というセルフイメージを持っている人は、「魅力がない」というセルフイメージを持っている人よりはるかに魅力的な異性を引き寄せる。

6 自分の思考に気をつけよ。人間は、その人が考えているものになる。

古来より現在にいたるまで、多くの賢人が思考と人生のあいだの密接な関係を強調してきました。いくつかの例を紹介しましょう。

心の中で思っていると、人間はそのとおりになる。

ソロモン（古代イスラエルの王）

人生とは、思考がつくり上げるものである。

マルクス・アウレリウス（ローマの五賢帝の一人）

人間はその人が考えているものになり、人格はその人の思考の集大成である。

ジェームズ・アレン（イギリスの哲学者）

何を思い、何を信じようと、心はそれをなしとげることができる。

ナポレオン・ヒル（アメリカの自己啓発の大家）

偉大な思考で精神に栄養を与えよう。人間は自分の思考より高いところに到達することはできない。

ベンジャミン・ディズレーリ（イギリスの政治家）

思考は人生の突破口を開く強い力を持っています。行き詰まったときは、偉大な思考で自分を奮い立たせることが必要です。

7　ネガティブな人には要注意。ネガティブな人といると自分もネガティブになる。

ネガティブな人には気をつけましょう。いつの間にか、あなたの夢をつぶして将来を台無しにしかねない存在だからです。

ネガティブな人は心の中で自分の無能を嘆き、仲間を増やそうとやっきになっています。そしてその対象を見つけたとき、必死になって足を引っ張ろうとします。「どうせダメだからやめておけ」とか「そんなことより今のままがいい」と言って、なんとか相手を自分のレベルにおとしめようとするのです。

「朱に交われば赤くなる」ということわざのとおり、ネガティブな人と交わると、あなた自身もやがてネガティブになります。心の持ち方がネガティブであるかぎり、業績をあげることはきわめて困難です。

ただし、ネガティブな人と、親身になって忠告してくれている人とは区別しなければいけません。そういう人の忠告には耳を傾ける必要があります。

しかし、ただネガティブなことを言っているだけで、あなたのためを思っていない人とは距離をおいたほうが身のためです。成功をおさめるうえで、それは重要な処世術となります。

では、自分のことを思ってくれているかどうかをどうすれば判別できるのでしょうか？　最終的には直感に頼るしかありませんが、本人が業績をあげているかどうかで、だいたいのことはわかります。

一般に、うまくいっている人は、他人を助けるだけの精神的、時間的、経済的な余裕を持っています。それに対しうまくいっていない人は、あらゆる点で他人を助けるだけの余裕がなく、自分のことで精一杯ということが多いのです。

「成功の秘訣のひとつは、チャンスが訪れたときに
それをつかむ用意をしていることである」
――ベンジャミン・ディズレーリ（イギリスの政治家）

第2章　成功をめざす

8　失敗に意識を向けると、失敗の可能性が高くなる。成功に意識を向けると、成功の可能性が高くなる。

何かに意識を向ければ、それは拡大します。たとえば、ポジティブなことに意識を向ければ、それは拡大します。逆に、ネガティブなことに意識を向ければ、それも拡大します。これは宇宙の法則です。

興味深い実験を紹介しましょう。部屋の中に長さ五メートル、十センチ四方の頑丈な角材を置いて、その上を歩いてみるのです。誰でも簡単にできるはずです。では、その角材を高層ビルの合間に架けて、その上を渡ってみるとしたらどうでしょう。おそらく誰もできません。

同じ角材の上を歩くにもかかわらず、部屋の中なら簡単にできるのに、高層ビルの合間ならできないのはなぜでしょうか？　部屋の中なら角材を渡ることに意識を向けるのに対し、高層ビルの合間なら角材から落ちることに意識を向けてしまうからです。もしそんな状況で実行に移せば、落ちる可能性はきわめて高いはずです。

同様に、何かをするときは、失敗することに意識を向けてはいけません。そうすればするほど、失敗する可能性が高くなるからです。

何かをするときは、成功することに意識を向けましょう。そうすれば、成功する可能性はきわめて高くなります。もちろんそうしたからといって絶対に成功するとはかぎりませんが、失敗することに意識を向けるよりは成功する可能性がはるかに高いと言えます。

9 優柔不断では、成功はおぼつかない。即断即決が成功には不可欠だ。

あなたは仕事や私生活で何かを決定するとき、どれくらい時間がかかりますか？　決定といっても簡単なものから重大なものまでありますから一概には言えませんが、少なくとも簡単な決定は即断即決をすべきです。

なぜ即断即決が大切なのでしょうか？　私たちが日ごろ生活を営むうえで決定すべきことは山ほどあります。**人生は決定の連続と言っても過言ではありません。ありとあらゆることを決定しなければならないのに、簡単な決定がすぐにできないようなら、重大な決定はいつまでたってもくだすことはできません。**

たとえば、レストランで注文するとき、あなたはメニューを見て即断即決できますか？　こんな簡単なことで迷っているようではいけません。メニューのどれを選んでも大差があるわけではありませんから即断即決をすべきです。

もちろん重要な事柄についてはそう簡単に決定できるわけではありません。少し様子を見ることが必要な場合もあります。しかし、いつまでもぐずぐずしてはいけません。基本的に仕事は時間との勝負ですから、さまざまな要素を考慮のうえ、できるだけ早く決定するようにしましょう。

重要な事柄はどんどん増えていきますから、かたっぱしから処理していかなければなりません。それができないなら、仕事の山を抱えてバタバタすることになります。

「時間が足りない」といつも嘆いている人は、「決定先のばし症候群」にかかっている可能性があります。そんな優柔不断な態度では成功はおぼつかないことを肝に銘じるべきです。日ごろ簡単な事柄を即断即決する習慣を身につけ、重要な事柄でも即断即決できるように直観力と判断力を養いましょう。

10 勇気を出して行動を起こせ。積極的な人間の前に道は開ける。

あなたは、口先ばかりで行動を起こさない人物を信用しますか？　たとえ初めのうちは信用しても、何度か裏切られるうちに信用しなくなるはずです。

しかし残念ながら、「まだ準備ができていない」という理由で行動を起こさない人があまりにも多いのが実情です。たしかに準備は大切ですが、いつまでもそんなことを言っていては何も始まりません。**世の中は、口先だけの人ではなく行動を起こす人に報酬を与えます。これは宇宙の法則です。**

いったん行動を起こせば、成功につながるあらゆる要素を引き寄せることができます。まず、あなたの積極的な姿勢に共鳴する人が現れ、必要な資金が集まり、道が開けてきます。

一九七五年三月十五日、世界中の人びとが世界へビー級タイトルマッチをテレビで見ていました。その中に、無名のチャック・ウェプナーが王者モハメド・アリに果敢に挑戦する姿に感銘を受けて行動を起こした男がいました。

試合はアリの勝利に終わりましたが、男は興奮のあまり、狭い自室にこもりながら夢中になって三日で脚本を書き上げ、映画会社に企画を持ち込みました。映画会社は脚本に感動して出資を決め、有名スターを起用すると主張しました。しかし、男の熱意にほだされ、ついにその無名の人物を主役に抜擢したのです。

じつは、その男はボクシングの経験はあったものの、言語障害の後遺症を患っており、五十回以上もオーディションに落ちていました。しかし、積極的に行動を起こして、ついにチャンスをつかんだのです。封切後、『ロッキー』は世界中で大ヒットし、アカデミー作品賞を受賞しました。シルベスター・スタローンはそれをきっかけに極貧生活を抜け出し、一躍スターダムにのしあがったのです。

11 あなたには未開発の力が秘められている。それに気づくかどうかは、あなたしだいだ。

二十世紀初め、テキサス州がひどい干ばつに襲われ、長年そこで農業を営んでいたある一家が生活に行き詰まってしまいました。主人だった男は途方にくれ、やむなく土地を少しずつ売却することにしました。

ある日、その知らせを聞いた石油会社の代表が現地を訪れ、発掘調査を申し出たところ、男は同意しました。会社がその土地を掘ると、突然、石油が空高く吹き出したのです。「スピンドルトップ」と名づけられたこの油田は、一日に十万バレルを超える石油を産出し、現代石油産業の幕開けを告げる出来事となりました。

人びとは「あの男は一夜にして億万長者になった」と言いましたが、真相はそ

うではありません。男は初めから億万長者だったのですが、本人が気づかなかったただけなのです。

この話の教訓は、あなたにもあてはまります。莫大な潜在能力を持っているのに気づいていないからです。

人はみな、莫大な潜在能力を持っていますが、ほとんどの人はその事実を信じようとしません。なぜでしょうか？　主な理由は、子どものころに親や兄弟、友人、知人、教師の中の誰かから「能力がない」と言われ、それを信じたからです。

トーマス・エジソンは小学校のころ教師から「能力がない」と言われました。しかし、彼はそれを信じず、潜在能力をぞんぶんに発揮して世の中に多大な貢献をしました。もし彼が教師の言葉を信じて自分の潜在能力に気づかなかったら、私たちはいまだにロウソクの灯りで本を読んでいるかもしれません。

あなたも自分の潜在能力に気づき、それをぞんぶんに発揮すれば、自分の人生を変え、人びとに恩恵を与えることができます。

12　成功の秘訣は単純明快。それは、成功するまで挑戦をつづけることだ。

あらゆる成功者は、成功をおさめる長い過程の中で、何度も拒絶されています。彼らの共通点は、どんなに拒絶されても、粘り抜いて目標を達成することです。ほとんどの人は成功者の業績しか知りませんから、次の事実に驚くはずです。

・ビートルズは「魅力がない」という理由で多くのレコード会社に拒絶されたが、デビュー後は全世界で大ブームを巻き起こした。
・レイ・クロックは「見込みがない」という理由で多くの事業家に出資を拒絶されたが、彼の経営するマクドナルドは世界中で莫大な利益をあげている。
・スティーブ・ウォズニアックは「くだらない」という理由で経営者にアイデア

を拒絶されたが、友人とアップルコンピュータを設立して大成功した。
・ジョン・グリシャムは第一作『評決のとき』が「売れない」という理由で多くの出版社に拒絶されたが、それを含めて全作品がベストセラーとなった。
・トム・ハンクスは「素質がない」という理由で何度も映画会社から拒絶されたが、アカデミー主演男優賞を獲得するなど大スターになった。

成功者はどんなに拒絶されてもくじけず、成功するまで何度でも挑戦をつづけます。「拒絶を拒絶する」が彼らの信条です。それに対し、大多数の人は拒絶されると大きなショックを受け、そこで挑戦をやめてしまいます。

どの分野であれ、専門家を含めて人びとは主観的な理由にもとづいて好き勝手なことを言う傾向があります。しかし、本当に自信と情熱があるなら、他人にどう言われようとあきらめる必要はありません。

13 成功したいなら、何を言われても動じるな。批判を励ましと受け取って一心に努力せよ。

世の中は批評家で満ちあふれています。だから、もし成功したいなら、何を言われても動じないタフな精神力が必要です。要は、批評に対してどれだけ鈍感になれるかということです。

ニューヨーク・ヤンキースの外野手、松井秀喜選手はよいお手本です。彼は日本で数年間活躍したあと、単身で渡米し、名門チームの一員として念願の大リーガーとなりました。

しかし、ニューヨークのファンは大リーガーのあいだで最も恐れられている存在です。期待どおりの活躍をしなければ、スタンドで大ブーイングが巻き起こるだけでなく、地元の新聞やテレビも容赦ないバッシングを始めます。ニューヨークとは、そういう非情な大都会なのです。「ニューヨークで成功できれば、どこに行っても成功できる」と言われるゆえんです。

球場の内外でたえず攻撃の対象にされるのですから、並の神経の持ち主ならすぐに精神的に参ってしまうことでしょう。

ところが、松井選手は罵声を浴びせられることがかえって励みになるといいます。彼は「ファンのブーイングは私への期待の裏返しであり、『もっとがんばれ』という応援メッセージだと思っている」と語りました。いい意味での鈍感さが彼の原動力なのです。これだけの精神的余裕があれば、必ず成功します。

松井選手のポジティブな姿勢を見習いましょう。**上司やお客からこっぴどく叱られたときは、それを自分への応援メッセージとして励みにするのです。**そうすれば、落ち込むことなく前向きな姿勢で、さらに努力をすることができます。

14 失敗なしに成功は得られない。失敗を恐れず、失敗から学べ。

人はみな、失敗を嫌います。たしかに失敗はつらいし、悲しいし、腹立たしいものです。しかし、冷静になって考えれば、失敗は成功の方法を教えてくれる貴重な経験なのです。**途中で失敗せずに成功するなら、それは本物の成功ではないと言っても過言ではありません。**実際、多くの成功者は何度も失敗を経験し、そのつど教訓を学んで突破口を開くきっかけをつかんでいます。

失敗は将来の成功を阻止する邪悪な破壊者であるだけでなく、将来の成功へと導いてくれる偉大な教育者でもあります。つまり、失敗はふたつの相反する側面を持っているのです。どちらを選ぶかは、あなたの心の持ち方しだいです。

残念ながら、大多数の人は失敗を邪悪な破壊者とみなしています。人びとは子どものころに親や兄弟、教師、友人などから失敗の恐怖を教え込まれ、大人になるころにはその恐怖にとりつかれ、生涯にわたりおびえつづけるのが実情です。

失敗の恐怖は夢を破壊し、成長を阻害します。個人の成長が本人だけでなく家族、組織、地域、国家の成長の基盤でもあることを考えると、これはじつに惜しいことです。

失敗を恐れてはいけません。イギリスの政治家ウィンストン・チャーチルは、

「成功とは、情熱をなくすことなく失敗から次の失敗へと移行することである」

と言っています。

失敗したときは、教訓を学び、それを生かして成長への足がかりにすることです。そうすれば失敗は偉大な教育者となって、あなたを成功へと導いてくれます。

マイクロソフトの創業者ビル・ゲイツは、こう言っています。

「成功を祝うことは素晴らしいが、失敗の教訓を肝に銘じることはもっと重要だ」

15 大きな目標を持て。それが偉大な人間をつくる。

フランスの哲学者パスカルは『パンセ（瞑想録）』の中で、こう書いています。

「人間はひとくきの葦にすぎない。自然の中で最も弱いものである。だが、それは考える葦である」

さらに彼は、「思考が人間の偉大さをつくる」とも主張しています。

たしかに人間の偉大さをつくるのは思考ですが、人間の卑小さをつくるのも思考です。人間の偉大さをつくる思考を持つ最も効果的な方法は、目標を大きく掲げることです。

たとえば、目標を大きく掲げるセールスマンと小さく掲げるセールスマンが、同じ条件下で同じ製品を売ったとします。結果はどうなるでしょうか？　**目標を**

大きく掲げるセールスマンのほうがはるかに大きな業績をあげる可能性がきわめて高いのです。

このことはセールスだけでなく、人生のあらゆる分野にあてはまります。仕事でも学業でも私生活でも、目標を大きく掲げることが成功の秘訣なのです。

世の中の大多数の人は目標を小さく掲げる傾向があります。だから、あなたが目標を大きく掲げると、「そんな大きなことを言ってどうするのだ。もっと現実的になれ」とたしなめるのです。

そのとき、あなたがそれを信じて小さいままでいるか、それをはねのけて大きくなるか。それはすべて、あなたしだいです。

イギリスの偉大な政治家ベンジャミン・ディズレーリは、こう言っています。

「人生は小さいままでいるにはあまりにも短い」

「成功者の特徴は、人びとを助ける機会を
つねに探し求めていることである」

――ブライアン・トレーシー（アメリカの経営コンサルタント）

第3章　社会に貢献する

16 社会からどんな恩恵を受けるかよりも、社会にどんな恩恵を与えることができるかを考えよ。

人はみな、神様からなんらかの才能を与えられています。だから、才能のことを英語で「ギフト（贈り物）」と表現するのです。**しかし、それは神様から一人ひとりへの贈り物であるだけでなく、一人ひとりの社会への贈り物としても活用されなければなりません。それは社会に対する義務なのです。**

私たちは人生の最初の数年間、親や年長者を含め周囲の人からしてもらうことばかりの状態ですごします。その結果、自立してからも社会からしてもらうことを先に考え、義務の遂行より権利の主張をしてしまうのです。

しかし、そういう姿勢ではいつまでたっても人間として一人前にはなれません。思想家ヘンリー・デイヴィッド・ソローは「人生の大半を自分の生計を立てるためだけに費やしている人間ほど致命的な愚か者はいない」と言っています。また、イギリスの政治家ウィンストン・チャーチルは「人間は手に入れるものによって生計を立て、与えるものによって人生をつくる」と言っています。

自分が社会からどんな贈り物をもらうかよりも、自分が社会にどんな贈り物をすることができるのかを見きわめることです。言いかえれば、自分が社会からどんな恩恵を受けるかよりも、社会にどんな恩恵を与えることができるかを追求するということです。

アフリカで医療と伝道に身を捧げたアルベルト・シュバイツァーは、こう言っています。

「本当に幸せな人とは、奉仕する方法を探し求め、ついにそれを見つけた人のことである」

17 自分の幸福だけを考えていると、不幸になる。他人の幸福を考えれば、自分も幸福になる。

あなたは毎日、自分で意識するかどうかに関係なく、世の中になんらかの働きかけをし、その結果を受け取っています。

たとえば、人に親切にすれば笑顔が返ってくるし、不親切にすれば冷たい反応が返ってきます。

これは「作用と反作用の法則」と呼ばれるものです。作用と反作用のあいだには時差が生じることもありますが、誰もこの法則を逃れることはできません。

自分が幸せになりたいなら、世の中によい働きかけをしなければなりません。自分さえよければそれでいいと思って世の中によい働きかけをするのを怠れば、遅かれ早かれその報いは自分に返ってきます。

それは個人だけではなく企業にもあてはまります。社会に貢献する企業は長期にわたって繁栄を享受しますが、人を不幸にしてでも儲かればいいと考える企業は一時的には繁栄してもやがて必ず衰退します。

世の中によい働きかけをしましょう。我欲を捨てて人びとの喜びと幸せのために奉仕する精神を持つことです。奉仕の精神を実践すればするほど、あなたはやがて物心両面で豊かになります。

アインシュタインは、こう言っています。

「人間の最も崇高な行為は、支配することではなく奉仕することである」

18 お金儲けはいけないことではない。ただし、その方法が問題だ。

世の中には、お金に対して偏見を持っている人があまりにもたくさんいます。彼らはお金を儲けることがいけないことのように思っているのです。しかし、汗水たらしてお金を稼ぐことがいけないことなのでしょうか？

たしかに自分の利益を追求するために不当な方法でお金を儲けることはよいことではありません。そういう人や企業はいずれ世間から指弾され、窮地に追い込まれるでしょう。しかし、正当な労働の対価として報酬を得ることは大いに奨励されるべきです。

「お金は汚いものだ」と言う人もいます。しかし、もしそうだとすれば、その人は汚いものを得るために一生懸命に働いているのでしょうか。皮肉なことに、そういう人にかぎって「給料が安い」と文句を言い、一獲千金を夢見て宝くじを買ったりギャンブルに走ったりします。それに対し、成功者は長期的視野に立って地道に努力を重ね、着実に業績をあげ、夢を実現して社会に貢献します。

たしかに人びとに喜びと満足を与えずに報酬を得るのはよくないことですし、ましてや世間をだまして利益追求に走るのは論外です。しかし、**良質の製品やサービスを提供し、それに対して正当な報酬を得るなら、「お金は汚いものだ」などと考えるべきではありません。**

要するに、お金そのものが悪いのではなく、その儲け方が問題なのです。拝金主義におちいって不当な利益を得ようとするのは明らかに問題があります。

まず、高い志を持つことです。そして仕事を通じて人びとに喜びと満足を与えましょう。人びとに奉仕するために汗水たらして働きましょう。そうすれば、お金は自然に手に入ります。

19 大きな愛で小さな善行を施せ。どんなに小さくても、それは尊い行為だ。

慈善とは、障害や災害のために自立が困難な人びとをいたわり救済することです。社会は支えあいで成り立っています。自分さえよければ、他の人はどうでもいいというのでは社会は成り立ちません。

「今はムリだけれど、億万長者になったら貯金の利息を慈善に回すつもりだ」と言う人がいるかもしれませんが、慈善は億万長者だけの責務ではありません。それはすべての人が実践すべき愛の精神なのです。

小さなことでいいですから、慈善をおこないましょう。いつでも手軽に実践できます。たとえば、近所のスーパーやコンビニなどに設置されている募金箱に、心をこめて小銭を入れることから始めてはどうでしょうか。自分の力では生活が困難な人たちを助けるために、見返りを期待せずに身銭を切って寄付をする精神は尊いものです。

「塵も積もれば山となる」ということわざのとおり、小額の寄付でもしないよりはしたほうがずっといいのです。それが集まれば、そのお金を多くの恵まれない人たちの福祉のために使うことができるからです。

小額の寄付は、簡単にできる素晴らしい慈善活動です。日ごろから大きな愛で小さなことをすることが重要なのです。

20 誰に対しても親切にしよう。それは品格を高める行為だ。

親切は暖かい春の日ざしのように人の心を解きほぐし、幸せで満たします。親切は、いつでもどこでも誰にでも、無償でできる愛と慈しみの行為です。

利害関係のある人には親切にするが、そうでない人には親切にしない人は、本当の意味で親切な人ではありません。遅かれ早かれ、そういう人はあなたを裏切るおそれがあります。

言いかえれば、利害関係の有無にかかわらず、誰に対しても親切にできる人こそが、本当の意味で親切な人だということです。その人は真の美徳の持ち主であり、尊敬に値する人物です。

二十世紀最高のユダヤの賢者の一人、アブラハム・ヨシュア・ヘシェル師が、晩年、こんなことを言っています。

「私は若いころ、賢い人を尊敬していた。しかし、年をとってからは親切な人を尊敬するようになった」

誰に対しても親切にしましょう。それはあなたの品格を高める行為であり、世の中を素晴らしい場所にするための奉仕活動です。

自分一人でそんなことをして意味があるのかと思うかもしれません。しかし、親切は人から人へ次々と連鎖し、やがて世の中全体が愛とやさしさにあふれるのです。

ヘシェル師は、こう言っています。

「ひとつの運動を始めるのは、たった一人で十分である」

「適当な努力ではダメだ。
過剰な努力でなければ成功はおぼつかない」

——オスカー・ワイルド（イギリスの作家）

第4章　ベストを尽くす

21 自分が持っている最高のものを世の中に与えれば、最高のものが自分に返ってくる。

あなたは乗り物を利用するとき、運転する人にベストを尽くしてほしいですか？　命がかかっているのですから、ベストを尽くしてほしいと思うはずです。では、レストランに行ったとき、料理人と給仕係にベストを尽くしてほしいですか？　命がかかっているわけではありませんが、それでもベストを尽くしてほしいと思うはずです。実際、誰でもおいしい料理と感じのいい接待を期待しています。もしその人たちがベストを尽くしていないなら、あなたは気分を害し、場合によってはクレームをつけるかもしれません。

聖書に「自分がしてほしくないことは人にしてはいけない。自分がしてほしいことを人にしなさい」という黄金律があります。これはどの文化圏でも同じです。

問題は、私たちがいつも黄金律を実践しているとはかぎらないということです。

人間は完全ではありませんし、完全であることは不可能ですが、つねにベストを尽くすことなら誰でもできます。そうすることによって人びとから信頼されるだけでなく、大きな自信と誇りを持つことができるのです。

詩人エラ・ウィルコックスは、こう言っています。

「自分が持っている最高のものを世の中に与えれば、最高のものが自分に返ってくる」

これは宇宙の法則です。

私たちは自分が人にベストを尽くしてほしいと思うように、自分も人にベストを尽くしているかどうかをつねに自問し、もしベストを尽くしていないことがあれば謙虚に反省し態度を改めなければなりません。

22
収穫に恵まれている人をうらやむな。そんな暇があったら、今すぐ種をまけ。

荒れ果てた畑で作業をしている老人がいました。遠くでその様子を見ていた通行人が不思議に思い、老人に近寄ってたずねました。

「あなたはこんなところでいったい何の種をまいているのですか？」

老人は答えました。

「種をまいているのではない。収穫しているのだ」

通行人は驚きました。

「収穫ですって？　作物はどこにも見当たりませんが」

老人はその質問には答えず、ひたすら作業をつづけました。しかし老人は種をまかなかったので、いくら作業に励もうと、収穫を得られるはずがないのです。

種をまけば、やがて収穫が得られます。それに対し、種をまかなければ、いつまでたっても収穫は得られません。単純明快な原理ですが、この老人はそれに気づいていないのです。

馬鹿げた話だと思うかもしれませんが、この老人のような人は世の中にはたくさん存在します。

種まきと収穫の法則を知らない人は、恵まれている人をうらやみ、「世の中は不公平だ」と文句を言います。**しかし、文句を言っても何も解決しません。恵まれている人は、あなたの知らないところでそれだけの種をまいてきたのです。**

大切なのは、今この瞬間から種をまく作業に励むことです。すぐに収穫を得られるとはかぎりませんが、よい種を多くまけば、遅かれ早かれ、必ず豊かな収穫を得ることができます。

23 成功への努力は苦しみではない。それは自分を磨く喜びである。

成功するためには犠牲を払わなければなりません。犠牲を払うとは、目標を達成するために必要な時間と努力と忍耐を投資することです。好きなことのためなら、それは苦しみではなく喜びであり、自分を磨く絶好の機会となります。

一流の大リーガーが得る報酬は莫大です。しかし、それは幼いころから相当な犠牲を払い、プロになってもその努力を継続しているからです。

どんなに実績のある選手でも、死球や怪我、スランプ、登録抹消、突然の解雇、ファンの野次、メディアのバッシングなどの恐怖とつねに向き合わなければなりません。彼らはそれを乗り越えるために、つねに犠牲を払っています。

大リーグだけでなく、どのプロスポーツの世界でも、人の何十倍も犠牲を払う選手だけが生き残ることができます。一時の成功に慢心し、技術と体力と精神力の向上を怠った選手は、ただちに表舞台から去らなければなりません。

ニューヨーク・ヤンキースのスーパースター、アレックス・ロドリゲスは球界で最高の年俸を得ている一人です。彼は毎年の春季キャンプで早朝から夜遅くまで打撃と守備の猛特訓をおこないます。コーチのきびしい指導に選手が悲鳴をあげることはよくありますが、彼の場合、あまりのきびしい練習にコーチが悲鳴をあげるといいます。

私たちも一流のスポーツ選手の仕事にかける熱意を見習う必要があります。昨今、多くの会社でリストラの嵐が吹き荒れていますが、**時間と努力と忍耐を投資してスキルの向上に努め、みずからの市場価値を高めるならば、恐れるものは何もありません。**つねに自分を磨いている人は会社から必要とされますし、自分で事業を起こして成功することもできます。

24 運が悪いことを嘆く暇があるなら、もっと努力をして運を引き寄せよ。

多くの人は「仕事や人生がうまくいかないのは運に恵まれないからだ」と思っています。彼らは不運を言い訳にしているのです。

運とは何でしょうか？　それは、並はずれた努力によって引き寄せるものです。人はみな、ある程度の努力をしていますが、人並みの努力では運を引き寄せることはなかなかできません。たとえできたとしても、大きな運ではありません。

あなたは本当に努力をしているでしょうか？　自分ではかなり努力をしているつもりでも、客観的に見ると人並みの努力しかしていないのかもしれません。

松下幸之助は一八九四年に和歌山で八人兄弟の末っ子として生まれました。もともとは裕福な家庭でしたが、父親が米相場に手を出して破産したため、九歳で小学校を中退し、家族と離れて大阪で丁稚奉公をすることになりました。

たいへんつらい思いをしたわけですが、少年は自分を哀れむことなく猛烈に働きました。その後、十六歳のときに大阪電灯（現・関西電力）に入社し、職工として六年間働きます。遊び盛りの年齢でしたが、ここでも一心不乱に仕事に打ち込みました。彼にとって働くことは最大の喜びであったと言えるでしょう。

一九一八年、二十三歳のときに妻とその弟のわずか三人で会社を立ち上げ、自転車用ランプとラジオの生産で成功をおさめました。とはいえ、その後はピンチの連続でした。第二次世界大戦後のデフレ経済で業績が落ち込んだり見当違いの理由で公職追放にあったりするなど、たびたび不運に見舞われたのです。しかし、「運が悪い」と嘆くのではなく、人の何十倍、何百倍も努力をして運を引き寄せ、ついに松下電器（パナソニック）を世界的な家電メーカーに育て上げました。

25 変えることができないなら、愚痴を言うな。変えることができるなら、変えるための行動を起こせ。

人間はとかく愚痴を言いたがる生き物です。夏になると「暑い」、冬になると「寒い」と愚痴を言います。春と秋はすごしやすい季節ですが、それでも強い風が吹くと「今日は肌寒い」、雨が降ると「うっとうしい天気だ」などと愚痴を言います。こんなふうに人間は年がら年中、気候ひとつとっても愚痴を言いながらすごしているのです。

気候について愚痴を言う人は、それ以外のことにも愚痴を言う傾向があります。たとえば勤務中も「いやな仕事だ」、食事中も「料理がまずい」などと愚痴を言います。要するに、いつも心に不満があり、それが愚痴となって表面化するのです。

愚痴を言うことは決して建設的な態度ではありません。むしろ恥ずべき態度です。愚痴を言えば言うほど、心の中に不満がたまります。その結果、精神的にも肉体的にも経済的にも、ますます多くの不幸を招き寄せてしまうのです。

変えることができないなら、愚痴を言ってもしかたがありません。変えることができるなら、それを変えるための行動を起こすべきです。

どうしても愚痴を言いそうになったら、自分の人生の中で恵まれていることに意識を向けて積極的に感謝しましょう。感謝の対象はいくらでもあります。

成功していない人は何かにつけて愚痴を言い、成功している人はあらゆる機会をとらえて感謝します。アメリカの経営コンサルタント、ブライアン・トレーシーは、こう言っています。

「何に対しても感謝する習慣を身につけることだ。感謝するたびに、現状よりさらに大きな業績をあげるきっかけになる」

26 完全主義は自己満足にすぎない。あるところで切り上げて、次の仕事に取りかかれ。

皮肉なことに、世の中には完全主義におちいって業績が低迷している人が大勢います。いったいなぜでしょうか？

完全主義とは、自分がすることを完全にしようとする姿勢のことです。一見したところ、完全主義は殊勝な心構えのように思えます。なるほど、自分に任された仕事をしっかり最後まで責任を持って仕上げることは立派です。しかし、完全主義者はその程度では満足しません。

通常の感覚なら満足できるところまで仕上がっているにもかかわらず、完全主義者は決して満足しないのです。そこで何度もやり直すのですが、いつまでたっても納得できません。これは精神衛生上悪いだけでなく、膨大な時間と労力を浪費することになります。

もちろん、職業上、完全主義に徹しなければならない人たちも存在します。たとえば、医師や看護師などの医療従事者、電車やバスの運行と船や航空機の運航にたずさわっている人たち、正常に機能しなければ災害を招きかねない機械を製造している人たちは、とくにそうです。このように人の命を預かる職業に従事している人たちには、つねに完全を期すべき法的かつ道義的な責任があります。

しかし、そういった職業に従事していないなら、ほぼ完全というところで妥協したほうがいいのです。**たとえ百パーセント完全でなくても、ほぼ完全であるなら、それ以上の時間と労力を費やしても結果にほとんど差が生じないからです。**

とはいえ、いいかげんな気持ちで適当に仕事をすればいいというのではありません。この程度で十分というところで切り上げて、次の仕事に意識を集中することが大切なのです。

27

多忙を言い訳にするな。段取りの悪さを反省せよ。

ほとんどの人は何かをやらなければならないのに、なかなか取りかかろうとしません。そんなときによく使われる言い訳は、多忙です。たとえば、「忙しくて時間がない」「バタバタしている」「てんてこ舞いだ」などなど。

しかし、本当は時間がないのではなく、段取りが悪く、仕事が遅いだけなのです。**一日の最初にその日の段取りをすれば、バタバタしたりてんてこ舞いをしたりしなくてすみます。また、効率よく仕事を処理すれば、時間の余裕ができて新しいことに取り組めます。**

ビジネスマンの場合、始業時間ぎりぎりに出社しているようではダメです。そんな姿勢では段取りがうまくいかず、効率的に仕事を処理するどころか、仕事に追われてしまいます。そんなことで、いい仕事ができるわけがありません。皮肉なことに、そういう人にかぎって「忙しい」を連発する傾向があります。

もし「忙しくて時間がない」「バタバタしている」「てんてこ舞いだ」と言う癖があるなら、それはやめたほうがいいでしょう。「私は段取りが悪く、効率的に仕事を処理する能力がありません」と宣言しているようなものだからです。思慮深い人なら、そんな人に仕事を任せようとはしません。

たとえば、もしあなたが手術を受ける決意をしたとしましょう。慎重に執刀医を選ばなければならないときに、「バタバタしている」「てんてこ舞いだ」などと口癖のように言っている医者に依頼するでしょうか？

一日の段取りをしてから仕事をてきぱき処理し、余裕を持って働きましょう。それがいい仕事をして職業人として人びとから信頼される秘訣です。

28 十分な努力もせずに嫉妬するな。それは向上心のない人がおちいる罠だ。

人間は自分よりすぐれている人や恵まれている人に嫉妬しやすい存在です。程度の差こそあれ、嫉妬は全人類に共通の感情なのです。

嫉妬は人間を幸せにするでしょうか？　もちろんそんなことはありません。ノーベル文学賞を受賞したイギリスの哲学者バートランド・ラッセルは、「嫉妬は人間の性質の中で最も不幸なもののひとつだ」と断言し、「嫉妬は幼児にも共通して見られる」と指摘しています。さらに、「嫉妬深い人は自分の持っているものから楽しみを得ず、他人が持っているものから苦しみを得る」とも言っています。

嫉妬が人間を不幸にするものであるなら、それを建設的に解消する方法を考える必要があります。ひとつの方法は、嫉妬を賞賛に変えることです。それはたいへん健全かつ建設的な方法です。

自分よりなんらかの点ですぐれている人や恵まれている人を見つけたら、嫉妬するのではなく賞賛することです。はた目にはわからなくても、その人は恩恵を受けるだけの美徳を備えているはずです。あなたもその人を見習って、恩恵を受けることができるよう一生懸命に努力すべきなのです。努力もせずに嫉妬に狂うことは、向上心のない人がおちいる罠です。

あなたは人生という名の学校に入っています。
この学校には休みがなく、生涯にわたって毎日
なんらかの授業を受けつづけなければなりません。
嫌いな授業もあるかもしれませんが、
どんな授業でも受けなければならないのです。

許すことは過去を解き放つことです。
許すことは、
心の中に住む囚人を解放することであり、
しかもその囚人が自分だったと気づくことです。

「二人のあいだに友情が芽生えるのは、一方が他方に対して
『えっ、君もそうだったの?
今までずっと自分だけだと思っていたよ』と言う瞬間である」

――C・S・ルイス(イギリスの作家、ケンブリッジ大学教授)

人生は小さいままでいるには
あまりにも短い。

——ベンジャミン・ディズレーリ

心の中で思っていると、
人間はそのとおりになる。
――ソロモン

人間にとって最大の勝利とは、
自分に打ち勝つことである。

――プラトン

成功とは、情熱をなくすことなく
失敗から次の失敗へと移行することである。

――ウィンストン・チャーチル

愚かなまでに一貫性を保とうとするのは、
小人物の証しである。

――ラルフ・ウォルド・エマーソン

この世の中で
粘り強さにまさるものはない。
才能があってもダメだ。
才能のある失敗者は大勢いる。
天才であってもダメだ。
報われない天才は大勢いる。
高学歴であってもダメだ。
高学歴の落伍者は大勢いる。

しかし、粘り強さがあれば、
決意したことはなんでもできる。
「粘り強さを発揮しろ」という
メッセージこそが、
これまで人類の諸問題を解決してきたし、
これからも解決しつづけるだろう。

――カルビン・クーリッジ

あらゆる逆境、失敗、心の痛みは、
それと同等かそれ以上の恩恵の種を含んでいる。

——ナポレオン・ヒル

第5章　いい人間関係を築く

29 人をほめるのに十分ということはない。心をこめてほめればほめるほど、おたがいが喜びを得る。

世の中には人を批判する人と賞賛する人の二種類の人が存在します。もしあなたが周囲の人に好かれ、協力を得て業績をあげたいなら、人を賞賛する人にならなければなりません。

今から約百年前に活躍した心理学者でハーバード大学の教授を務めたウィリアム・ジェームズは、「人間の最も根源的な本質は、人に認められたいと強く望むことである」と言っています。これは当時も今もこの先も永遠に真理です。

誰かが業績をあげたら、大いに賞賛しましょう。**喜びは分かち合うことによって二倍になります。人を賞賛することによって、あなたも自分の寛大な態度に喜びを感じることができますし、相手も賞賛されたいという欲求を満たすことがで**

きます。一挙両得です。

相手はもう十分に賞賛されているから、これ以上、賞賛する必要はないと思ってはいけません。作家のマーク・トウェインは「私は今まで何度となく賞賛されてきたが、もっと賞賛してほしいというのが本音である」と言っています。この心理は普遍的なものであり、職場の人間関係だけでなく夫婦や親子のような親密な人間関係にもあてはまります。黙っていても思いは伝わるなどと思ってはいけません。賞賛の気持ちは黙っていては伝わらないのです。相手もそれを言葉で言ってほしいと思っているはずです。

職場や家族の誰かが素晴らしいことをしたときは、心をこめて賞賛しましょう。賞賛の気持ちを言葉で的確に表現することは、あらゆる人間関係でとても大切な技術です。

30 相手が「自分は大切な存在だ」と思えるよう配慮せよ。それは人間関係を築き、成功するうえで不可欠な態度だ。

人間の心理を深く洞察したことで知られる作家デール・カーネギーが、こんなアドバイスをしています。

「人と接するときは、相手が論理的な生き物ではなく、偏見に満ち、虚栄心とプライドで動く感情的な生き物であることをよく覚えておくこと」

つまり、**人間は論理的な生き物だと言われますが、それは間違いで、実際はきわめて感情的な生き物だというのです。**

そこでカーネギーは、人と接するときの心構えとして、相手が「自分は大切な存在なのだ」と思えるよう配慮することを提案しています。これは、相手のプライドを満足させて人間関係を円滑にし、賛同と協力を得て物事をなしとげるうえで不可欠な要素です。実際、それは歴史を変えることすらあります。

一七三三年、イギリスのジェームズ・オグルソープ将軍は新大陸の大西洋岸に植民地を建設しようと考えました。しかし、国王ジョージ二世は財政難を理由に頑として許可しません。そこで将軍は一計をめぐらしました。国王にちなんだ名前を植民地につけることを提案したのです。それを聞いた国王はいたく感動し、「必要な資金と人材をすぐに準備する」と約束しました。これがジョージア州という名前の由来で、後に東部十三州が成立するきっかけとなった出来事です。

身分や地位、年齢、性別などに関係なく、人は自分を認めてほしいという欲求を持っています。それは程度の差こそあれ、すべての人が心の中に秘めている最も根源的な欲求のひとつなのです。相手のその欲求を満たす方法を考えて実行しましょう。それは決して姑息なやり方ではありません。むしろ最高の対人技術であり、あなたの成功を後押ししてくれる処世術になります。

31

自分一人の力で成功する人はいない。周囲の人たちへの感謝を忘れるな。

人はある程度の成功をおさめると、「自分の力で成功した」とうぬぼれがちです。しかし、その不遜な態度はやがて身の破滅を招きます。世間の反感を買って人びとからそっぽを向かれるからです。そういう例は枚挙にいとまがありません。

能力を発揮し業績をあげたとしても、実際は本人が独力でなしとげたわけではありません。業績の大部分は、周囲の人の協力と支援の賜物なのです。

組織では企画や研究、開発、製造、営業、広報、経理などで働く人びとが力を合わせて初めて成功することができます。一人の力では絶対に成功できません。

自営業でも同じです。取引先が信頼して発注・受注し、顧客が満足して代金を払い、家族が協力して初めて価値が創造されて利益が生まれます。とくに個人事業主の場合、自分一人で働いているという錯覚におちいりがちですが、周囲の人の支援がなければ事業は立ち行かなくなります。

私生活でもそうです。あなたは自分一人で大きくなったのではありません。親、兄弟、親戚、先生、友人、知人、地域のおかげで成長し、大人になったのです。大人になってからも家族や周囲の人に支えられて生きています。

人に助けてもらうことは恥ではありません。むしろ、すすんで人に助けてもらうべきです。そのためには、日ごろから人に感謝し、人を助けなければなりません。人生は持ちつ持たれつです。自分は人を助けるのはいやだが、困ったときは助けてほしいと考えるのはあまりにも身勝手というものでしょう。

自分一人の力で成功したとは一瞬たりとも思ってはいけません。どんな人でも周囲の人の協力と支援がなければ絶対に成功しないことを肝に銘じるべきです。

32 潔く自分の責任を認めよ。その勇気が成長の原動力となる。

ユダヤの格言に「人はころぶと石のせいにする。石がなければ靴のせいにする。人は自分のせいであっても、それを認めたがらない」というのがあります。

自分の責任を認めるのは勇気がいる行為です。「それは私の責任だ」と素直に認め、謝罪するのは弱さの証しではなく強さの証しなのです。

それに対し、人のせいにするのは臆病だからです。しかし、自分の責任を認めず、人のせいにしているかぎり、いつまでも同じ問題を抱えることになります。周囲の人は自分の責任をとらない人をすぐに見抜いて軽蔑します。ですから、そういう人は大きな仕事を任されません。

自分の責任を認める人は、周囲の人から信頼され尊敬されます。ですから、ますます大きな仕事を任されて、ますます大きく成長します。

自分の責任を認めることはつらいかもしれません。しかし、そんなときこそ勇気を出して「私は間違っていた」と言いましょう。その勇気が成長を促進する原動力となるのです。間違いを素直に認める勇気がある人は、周囲の理解と協力を得て、災いを転じて福となすことができます。

33 一瞬の怒りに負けると、反感を買って成功が遠のく。一瞬の怒りに打ち勝てば、協力を得て成功が近づく。

多くの人にとって、怒りに打ち勝つことは人生最大の課題のひとつです。仕事でも私生活でも怒りを感じることはよくあるでしょう。しかし、たとえ相手に非があったとしても、一時の衝動にかられて怒りをぶちまけてはいけません。そのときはすっとするかもしれませんが、人間関係が一瞬にして破綻し、相手の協力が得られなくなります。

怒りに打ち勝つだけの自制心を持っている人は、相手に対してだけでなく自分に対しても冷静な態度をとることができます。だから、いつも平常心で事にあたり適切に対処します。

仕事でも私生活でも、うまくいかずにいらいらすることがよくあるものです。

しかしだからといって、怒りを爆発させても何の役にも立ちません。周囲の人の反感を買って孤立し、協力が得られなくなって成功が遠のくだけです。あとになって悔いても、もう取り返しがつきません。

平常心を失いそうになったときは、大きく深呼吸をして怒りをこらえましょう。怒りに打ち勝つことができれば、自分の冷静な態度を誇りに思うことができます。周囲の人もあなたの冷静な態度を高く評価し、あなたに喜んで協力したくなります。その結果、あなたは周囲の人に支持され、信頼され、尊敬され、人望を集めることができます。

34 頼もしいパートナーを持て。独力で業績をあげた人はいない。

あなたはどれくらい自分を知っていますか？　意外なことに、ほとんどの人は自分が思っているほどは自分をよく知りません。だから、もし自分の強みと弱みを五つずつ指摘するよう言われると、困惑して即答できないことが多いのです。

自分の強みを最大限に生かすためには、自分の弱みを補ってくれる人を見つける必要があります。そういう人が見つかれば、なんとしてでもその人の協力をあおぐべきです。

ウォルト・ディズニーの成功を陰で支えたのは、兄のロイ・ディズニーでした。

ウォルトは夢を見るのが大好きでしたが、金銭感覚が常識とかけ離れていて、莫大な資金を必要とする壮大なプロジェクトをいつも考えていました。それに対し、もともと銀行で経理係をしていた兄はそんな弟の性格をよく知っていました から、映画スタジオの財務担当として財布のひもをしっかり締めていました。

浪費家と倹約家の兄弟の組み合わせは絶妙でした。もしロイがいなかったら、ウォルトは夢をかなえる前に破産し浮浪者となって生涯を終えていたかもしれません。そうなっていたら、ディズニーランドはこの世に存在しなかったでしょう。

あなたの弱みは何ですか？　あなたは完全無欠ではなく、またそうである必要もありません。弱みがあれば、素直にそれを認めましょう。

私生活であれ仕事であれ、自分の弱みを補ってくれる頼もしいパートナーを見つけることです。そうすることによって、あなたは性格的な偏りを修正し、致命的な落とし穴にはまることなく大きく飛躍できます。

「満足感のある幸せとは、能力を最大限に発揮し、
理想の世の中の実現に最大限に貢献することにある」

――バートランド・ラッセル（イギリスの哲学者、ノーベル文学賞受賞者）

第6章　成長しつづける

35 人生はきびしい授業の連続だ。謙虚な姿勢で教訓を学べ。

あなたは人生という名の学校に入っています。この学校には休みがなく、生涯にわたって毎日なんらかの授業を受けつづけなければなりません。嫌いな授業もあるかもしれませんが、どんな授業でも受けなければならないのです。

カリキュラムは多種多様です。仕事、家庭、恋愛、友情、金銭、道徳、健康、趣味などなど。人はみな、ありとあらゆる授業を受けて成長していかなければなりません。

どの授業にも教訓があり、あなたはそれを謙虚な姿勢で学ぶ必要があります。それを拒みつづけるかぎり、その授業は形式を変えて何度もおこなわれます。いわば人生の「補習授業」です。

教訓を学ばない代償はたいへん大きく、場合によってはかなり手痛い損失をこうむります。しかし、いったん教訓を学んで肝に銘じるなら、なんらかの形で大きな報酬が得られ、豊かな人生を送ることができます。

人生という名の学校では、そこに登場する人たちはみな、教師です。仕事では上司や同僚、部下、お客などがそうですし、私生活では親や配偶者、子ども、兄弟、親戚、友人、知人、恋人などがそうです。また、乗り物で隣に座る人や街中で道を教えてくれる人などもそうです。

つまり、どの人も、あなたになんらかの教訓を与えてくれる大切な存在なのです。見本を示してくれる模範的な教師もいれば、反面教師もいることでしょう。しかし、**あなたはどの人からも教訓を学ぶという謙虚な姿勢を持つ必要があります。それが人生の達人になる秘訣です。**

36 変化の中にチャンスがある。変化を拒むと世の中に取り残される。

人間は基本的に保守的な生き物です。いったん何かに慣れ親しむと、それがいかに不合理であり、非効率的であっても、既存の方法をなかなか改めようとしません。人間はそれくらい変化が嫌いなのです。

世の中はつねに変化しています。人びとのニーズは時代に応じてどんどん変わります。自分だけが変わろうとしないなら世の中に取り残されるだけです。

変化を拒んではいけません。変化は成長を促してくれます。変化の中にこそチャンスが隠されています。

昨日の成功はいつまでもつづきません。明日の成功を勝ち取るためには、新しいアイデア、新しいビジネスモデルを追求する必要があります。

「今までのとおりでいい」という考えを捨て、思い切って既成概念を打ち砕きましょう。ビジネスの場合、この世で生き残るのは、変化を拒む人ではなく、変化に最も適応できる人です。

カスタマイズしたパソコンをメーカー直販するという画期的な方式で大成功をおさめているデルコンピュータの創業者マイケル・デルが、こんなことを言っています。

「変化の時代にチャンスを見つけるカギは、変化を心から歓迎することである」

37 つねに自分の怠け心に打ち勝て。それはすべての中で最大の勝利である。

どんな人でも多少の怠け心を持っています。それは人間の本性のひとつですが、それをどう乗り越えるかが肝心です。

オフのときは趣味を楽しんだり家族とすごしたりして気分転換をはかることは大切ですが、仕事のときは誘惑を断ち切って仕事に専念しなければなりません。中途半端な姿勢で成功した人は、いまだかつて一人もいないからです。

怠け心は習慣になります。しかし、それに打ち勝って勤勉に働くことも習慣にすることができます。怠け心は没落への道に通じ、勤勉は繁栄への道に通じます。

ぐずぐずすることは怠け心から生まれます。「今日すべきことを明日まで延期するな」ということわざがありますが、ぐずぐずする人は「明日できることは今日しなくてもいい」を信条にしています。しかし、そういう人は明日が来てもまた「明日すればいい」と考え、いつまでたっても取りかからず、たとえ取りかかってもなかなか仕上げません。

こういう姿勢は仕事でも私生活でも致命的です。**ぐずぐずすることは時間の浪費の最たるものであり、相手の信用を失ってしまいます。**信用の回復は信用の維持の何倍もの時間と労力を必要としますから、ぐずな人はたいへん不利な状況に立たされるのです。

怠け心に打ち勝って、しなければならないことはすぐに取りかかりましょう。それが最も快適な人生をもたらす最も賢明な解決策です。

ギリシャの哲学者プラトンは、こう言っています。

「人間にとって最大の勝利とは、自分に打ち勝つことである」

38 どんなときでも素直であれ。それは成長に不可欠な資質である。

イギリスの文豪サマセット・モームは、晩年、反省の意をこめて「知らないことを認めるのがこんなに簡単だとは、年をとって初めてわかった」と語っています。これはいったいどういう意味でしょうか？

人間は大なり小なりエゴとプライドを持っています。ですから、自分の無知を認めることがなかなかできませんし、相手に無知を悟られるのを恐れて知ったかぶりをしたりします。しかし、年をとって実績を積むと自信と余裕ができて、自分が知らないことを素直に認められるようになるものです。

人間が成長するうえで、素直さは欠かせません。**素直さがあれば、自分が知らないことについて謙虚な姿勢で人に教えてもらうことができます。自分の弱みを**

認め、自分の強みを生かしながら周囲の人と協力し業績をあげることができます。その結果、繁栄への道を歩み、やがて成功をおさめて実り豊かな人生を築きあげます。

素直さがなければどうなるでしょうか？　正しい努力をせずに独善におちいり、ミスを指摘されると言い訳をし、意固地なために協調性を欠き、知ったかぶりをして周囲の反感を買い、せっかくめぐってきたチャンスをつぶしてしまいます。その結果、没落への片道切符を手にし、やがて確実に破滅するのです。

あなたはどちらの道を選ぶでしょうか？

素直になりましょう。それはあなた自身のためだけでなく、周囲の人、組織のため、ひいては社会のためでもあるのです。

39 自分の間違いを認める勇気があるかどうか。それが大人物と小人物の決定的な違いだ。

アメリカ経営協会によると、人間の決定の約七割が間違っているといいます。あくまでも平均値ですから、人によってはもっと多いかもしれません。とすれば、十の決定のうち少なくとも七つが、長い目で見ると間違っていることになります。たとえ自分がどんなに優秀だと思っていても、人間の判断力などというのはその程度なのです。

ここで質問します。あなたは自分が間違っていることに気づいたとき、どう対処しますか？

大人物と小人物の違いは、自分の間違いを認める勇気があるかどうかです。小人物は自分の決定が間違っていることが客観的に明らかになっても、なかなかそれを認めようとしません。思想家のラルフ・ウォルド・エマーソンは「愚かなまでに一貫性を保とうとするのは、小人物の証しである」と言っています。それに対し**大人物は、自分の間違いを素直に認めて修正し、百八十度の方向転換が必要なときは、ただちにそれを実行に移します。**

小人物は自分が間違っている可能性から目をそむけ、間違いが明らかになると周囲の人にその責任を押しつけます。それに対し大人物は、自分が間違っている可能性をつねに考慮に入れ、周囲の人にも「間違っていたら遠慮なく指摘してほしい」と言います。その結果、大人物と小人物とでは間違う確率が同じであっても、成功する確率がまったく違ってきます。

自分の間違いを認めるのはつらいかもしれません。しかし、勇気を出して自分の間違いを認めることによって、すがすがしい気分になることができます。さらに、周囲の人の理解と協力を得てスムーズにやりなおすこともできます。

40　自分を傷つけた人を許せ。許すことは自由になることだ。

人はみな、誰かに裏切られたり傷つけられたりすると相手に反感を抱きます。場合によっては、何ヶ月も何年も相手を恨みつづけることすらあります。

それは建設的な態度でしょうか？　もちろんそんなことはありません。恨みはネガティブな感情の中で最も破壊的なものです。「人を呪わば穴ふたつ（人に復讐しようとすれば自分にもその報いで悪いことが起こる）」という格言のとおりです。

この場合、建設的な態度とはどのようなものでしょうか？　それは相手を許すことです。

許すことは過去を解き放つことです。許すことは、心の中に住む囚人を解放す

ることであり、しかもその囚人が自分だったと気づくことです。

いつまでも相手を許さないなら、人間として成長することはできません。相手を許して初めて成長し、自由に羽ばたくきっかけをつかむことができます。

相手を許さないと意固地になることが強さの証しだと思っているなら、それは思い違いです。相手を許すことができないのは弱さの証しなのです。精神的に強い人は相手を許すことができます。

相手を恨みつづけても、あなたは得をしません。あなたはいつまでも苦しみつづけて損をするだけです。ポジティブな人生を送りたいなら、自分を心の牢獄から解放し、晴れ晴れとした気持ちで人生を生きていきましょう。

相手を許す効果的な方法のひとつは、「私はその人を許し、その人の幸せを祈る」と唱えることです。心をこめて試してみてください。この方法は、あなたにポジティブなエネルギーをもたらしてくれるはずです。

41 おごり高ぶりを戒めよ。それは破滅の前兆だ。

人はみな、謙虚な人を好み、尊敬し、賞賛します。それに対し、傲慢な人は誰からも嫌われます。傲慢であるかぎり、名誉も賞賛も愛情も得られません。

中国の古典『書経』は「満は損を招き、謙は益を受く（傲慢は損失を招き、謙虚さは利益を受ける）」と説いています。まさにそのとおりです。

ともすると、謙虚さは弱さの表れで、傲慢は強さの表れだと思われがちですが、それは違います。**本当に強くて自信のある人は心に余裕があるので傲慢な態度はとりません。傲慢はむしろ、自信のなさと恐怖心の裏返しなのです。**

イギリスの作家でケンブリッジ大学の教授を務めたC・S・ルイスは、無数の悲劇を生んだ第二次世界大戦のさなかに次のような文章を書いています。

あらゆる欠点の中で人に最も嫌われるにもかかわらず、自分で最も気づきにくいものは何か？　そしてその欠点を自分の性格の一部として持てば持つほど、他の人のそれに嫌悪感をもよおすものは何か？

それは傲慢である。

人類がこの世にまき散らす害悪は、どれも強欲や利己主義のなせるわざのように見える。だが、実際は傲慢によるものなのだ。

太古の昔から現在にいたるまで、あらゆる国家、あらゆる家族の不幸の主な原因はつねに傲慢である。

謙虚になりましょう。おごり高ぶっていると高慢の鼻を折られて痛い目にあいます。それは、思い上がりを反省して謙虚さを身につけるための教訓です。

42 卑下は絶望につながり、謙虚は進歩につながる。

仕事や人生がうまくいかないとき、多くの人は「自分はダメな人間だ」と思ってしまいます。しかし、自分を卑下してはいけません。自分を卑下すると、ますます悪い結果を生み、いつの間にか悪循環におちいるからです。

自分を卑下するのは、自分を過小評価することです。私生活であれ仕事であれ、自分を過小評価する人を信用する人はいません。「自分はダメな人間だ」と思っている人と、「自分はやればできる」と思っている人がいる場合、あなたはどちらの人を信用するでしょうか？

謙虚であることと自分を卑下することは混同されがちですが、このふたつはまったく異なります。謙虚な人は自分を信じ、自分のいたらなさを反省し、それを進歩につなげようという向上心を持っています。それに対し自分を卑下する人は、自分を信じることができず、自分のいたらなさに絶望し、向上心を持たずにあきらめてしまっています。

つまり、**謙虚であることと自分を卑下することでは、方向性がまったく正反対なのです。前者は自分を磨くことにつながり、後者は自分をおとしめることにつながります。**

もしあなたが自分を卑下する傾向があるのなら、ぜひ改めるべきです。自分を卑下しそうになったときは、「自分はやればできる」という思いを強く持ちましょう。その思いは自信を生み、人びとの信頼を得ることができるでしょう。

「悲観主義者はあらゆるチャンスにピンチを見るが、
楽観主義者はあらゆるピンチにチャンスを見る」

――ウィンストン・チャーチル（イギリスの政治家）

第7章　あきらめない

43　楽観主義者は不可能を可能にし、悲観主義者は可能を不可能にする。

世の中には楽観主義者と悲観主義者の二種類の人間が存在します。

楽観主義者は、「コップに半分も水が残っている」と考えます。だから、いつも心に余裕を持って行動できるのです。それに対し悲観主義者は、「コップに半分しか水が残っていない」と考えます。だから、いつも悲壮な顔をしてあわてふためくのです。

楽観主義者は、いつも自信にあふれています。だから、どんな悪条件の下でも業績をあげます。それに対し悲観主義者は、いつも不安でいっぱいです。だから、どんな好条件の下でも業績を伸ばせません。

楽観主義者は、地平線のかなたに希望を見ます。だから、いつも笑みを浮かべて颯爽と歩きます。それに対し悲観主義者は、地平線のいたるところに障害を見ます。だから、いつも陰気な表情でとぼとぼと歩きます。

楽観主義者は、進歩と繁栄を予想します。だから、つねに勇気と希望を持って生きています。それに対し悲観主義者は、限界と貧困を予想します。だから、つねに臆病で絶望しながら生きています。

楽観主義者は、ピンチの中にチャンスを見ます。だから、ピンチに直面してもチャンスをつかんで盛り返します。それに対し悲観主義者は、チャンスの中にピンチを見ます。だから、チャンスが来てもピンチにおちいって自滅します。

このように、悲観主義は何の得にもなりません。いついかなるときでも楽観主義を心がけましょう。それがピンチをチャンスに変える秘訣です。

44

粘り強さを身につけよ。それは、どんな才能や運にもまさる成功の源だ。

成功者とは、才能に恵まれ、学歴がある人たちのことだと思っている人が多いかもしれません。たしかにそれらの要素は成功するうえで多少有利ではあるのですが、決定的な要因にはならないのです。

才能や学歴よりもはるかに大切なものがあります。それは何でしょうか？

かつて「黄金の二〇年代」と呼ばれる繁栄期をもたらしたカルビン・クーリッジ（第三十代大統領）が、興味深いことを言っています。

この世の中で粘り強さにまさるものはない。
才能があってもダメだ。才能のある失敗者は大勢いる。

天才であってもダメだ。報われない天才は大勢いる。
高学歴であってもダメだ。高学歴の落伍者は大勢いる。
しかし、粘り強さがあれば、決意したことはなんでもできる。
「粘り強さを発揮しろ」というメッセージこそが、
これまで人類の諸問題を解決してきたし、
これからも解決しつづけるだろう。

クーリッジは、才能を磨くことや教育を受けることの大切さを否定しているのではありません。**どんなに才能があり、どんなに教育を受けても、結局、粘り強さがなければ成功しないと主張しているのです。**

45 すぐに結果が出なくても、あきらめるな。つねにもう一回挑戦するだけの根性を持て。

世の中には成功する人としない人がいます。両者の最大の違いは、あきらめずにやりとげるかどうかです。

十九世紀半ば、カリフォルニアでゴールドラッシュが起こりました。金鉱が見つかったことを聞きつけた人たちが、ほうぼうからやってきました。ジャックという若者もその一人です。彼はわずかばかりの全財産を持って故郷のボストンを出発し、数日後に現地に到着して安い宿屋を見つけました。そして、手元のお金をはたいて土地を購入し、シャベルで作業を始めました。

数週間、ジャックは黙々と掘りつづけました。しかし、期待して掘ったにもかかわらず、金鉱は見つかりませんでした。

そこでジャックはあきらめました。そして、隣の土地を買って掘っていたフレッドという貧しい男に自分の土地を安値で売り払い、荷物をまとめて家路に着きました。

フレッドはあきらめずに現地に残り、ジャックの掘ったあとをさらに掘りつづけたところ、わずか三日後に金鉱を見つけました。

もしジャックがもう少し我慢して掘りつづけていたなら、自分の手で金鉱を見つけることができたでしょう。

結局、ジャックは無一文で帰郷し、フレッドは莫大な財産を築きました。あきらめずにつづけるかどうかが明暗を分けたのです。

エジソンは「人間の最大の弱点はあきらめることである。最も確実に成功する方法は、つねにもう一回挑戦することだ」と言っています。あきらめそうになったときは、あともうひとふんばりしましょう。

46 批判に屈するか、信念をつらぬくか。それが成否の分かれ目だ。

何かをしようとすると、必ず周囲の人が批判をします。**建設的な批判には耳を傾けるべきですが、たいていは雑音にすぎません。自分が正しいと思うなら、信念をつらぬくことです。**それが業績をあげるための心構えです。

成功まであと一歩というところで批判に屈して失敗した人と、数々の失敗を乗り越えて成功した人のエピソードを紹介しましょう。

「世界初の有人飛行を成功させた人物は誰か?」という問いに、あなたはどう答えますか? 「ライト兄弟」、そのとおりです。

しかし、もともと彼らは小さな自転車店を共同で営んでいた無名の人物であり、当初、アメリカ国民の大多数は人類初の偉業を別の人物に託していました。サミュエル・ラングレーという天文学者で、一八九〇年代後半にすでに無人飛行を成功させていた人物です。陸軍省は莫大な資金を提供し、彼に有人飛行の成功を期待しました。しかし、一九〇三年十月、その試みは不成功に終わります。

ニューヨーク・タイムズ紙はラングレーを次のように批判しました。

「われわれとしては、博士が飛行機の実験にこれ以上の時間とお金を浪費し、自身の科学者としての尊厳を傷つけないことを切に願うのみである」

ラングレーはそれまで二十年以上も努力をつづけてきたのですが、この痛烈な批判に屈して有人飛行の夢を断念しました。

そしてその数週間後の十二月十七日、大した資金もなく地道な努力を積み重ねてきたライト兄弟が、ノースカロライナ州キティホークの砂漠で世界初の有人飛行に成功し、立志伝中の人となったのです。

47 逆境には恩恵の種が含まれている。あきらめなければ、それは必ず見つかる。

二十世紀前半から半ばにかけて活躍したアメリカの成功哲学の大家ナポレオン・ヒルは、無一文から巨万の富を築いた欧米の五百人以上の成功者の足跡を調べ、「あらゆる逆境、失敗、心の痛みは、それと同等かそれ以上の恩恵の種を含んでいる」と断言しています。これはたいへん含蓄のある言葉です。

ほとんどの成功者は苦労せずに順調に業績を伸ばしたのではなく、何度も大きなピンチに遭遇し、どん底から這い上がってきた人たちです。本田技研の創業者、本田宗一郎もその一人です。彼の前半生をかいつまんで紹介しましょう。

一九二二年、十五歳で上京して自動車修理工場で働き始めましたが、工場は翌年の関東大震災でほぼ全壊。しかし、それでもくじけず、震災で廃棄された自動車を修理して再販し、工場の復興資金をつくることに貢献しました。

その後独立、一九三六年、レースカーをつくってレースに出場しましたが、重傷を負いました。回復後、ピストンリングを開発したものの、うまくいかずに工場を譲渡します。しかしその後、画期的なピストンリングを開発し成功をおさめました。

一九四五年、工場がアメリカ軍の空襲で全壊しましたが、廃棄された軍隊用の自動車と航空機を解体して金属を集め、自動車の製造を再開しました。しかし戦後、ガソリンが配給制となり、自動車の需要が激減します。そこで自転車に小さいエンジンをつけて小型バイクを開発し製造に乗り出しました。その結果、本田技研は自動車とオートバイの両方を得意とする世界的企業に成長したのです。

もしあなたが何かを始めて逆境、失敗、心の痛みを経験しても、そこであきらめてはいけません。「この逆境、失敗、心の痛みと同等かそれ以上の恩恵の種はどこにあるだろうか？」と自問すれば、恩恵の種は必ず見つかります。

48 不幸は、そこから立ち直れないから不幸なのだ。すぐに気持ちを切り替えれば、未来へ向かう原動力になる。

人生に不幸な出来事はつきものです。大切なのは、不幸な出来事に見舞われたときにどれだけ早く気持ちを切り替えて立ち直るかということです。

ニュージャージー州の知事を務めた政治家チャールズ・エジソンが、発明家として名高い父親の興味深いエピソードを語っています。

一九一四年十二月、トーマス・エジソンがアルカリ電池の開発に取り組んでいたときのことです。それまで十年間も失敗のくり返しで、莫大な損害をこうむっていました。ただ、それ以前の数々の発明に対する多額の特許権使用料のおかげで、破産だけはまぬかれていたのです。

ある夜、火災が発生して研究所が全焼し、エジソンはすべてを失いました。ところが、彼はなんらあわてることなく息子にこう言ったといいます。

「私の母はどこだ？　早く呼んで、近所の人もみな、連れてくるように言いなさい。こんな大火事は二度と見ることができないよ」

翌朝、エジソンは従業員を集め、「これから研究所を再建する」と宣言し、クレーンを使って瓦礫を一掃し、必要な機器を借りるよう指示しました。そのとき、彼は「ところで、そんなお金がどこにあるんだろう？」と言ったそうです。

エジソンの驚異的な立ち直りの早さを示すユーモラスなエピソードです。彼はどんなに不幸な出来事に見舞われても、いつも余裕たっぷりでした。

不幸な出来事に見舞われたなら、早く気持ちを切り替えて前を向いて生きていきましょう。後ろを振り返っても、そこにはもう未来はありません。

49 チャンスはいつでも目の前にある。それに気づくかどうかが人生の分かれ目だ。

ある日、洪水が発生しました。男は大急ぎで自分の家の屋根に登り、「神様、どうか私をお助けください」と祈りました。

そのとき、小舟が目の前を横切りましたが、男はそれを無視し、「もうすぐ神様が助けに来てくださる」と信じて祈りつづけました。

水位はますます上昇し、男はひざまで水につかりました。そのとき、別の小舟が目の前を横切りましたが、男はふたたびそれを無視し、「もうすぐ神様が助けに来てくださる」と信じて祈りつづけました。

やがて水位はさらに上昇し、ついに男は首まで水につかりました。そのとき、さらに別の小舟が目の前を横切りましたが、男はまたしてもそれを無視し、「もうすぐ神様が助けに来てくださる」と信じて祈りつづけました。

数分後、男はついに溺れ死にました。そしてあの世に行って神様に文句を言いました。

「あんなにお願いしたのに、どうして助けてくださらなかったのですか！」

それに対し、神様は平然と答えました。

「何回も助け舟を出してやったのに、お前はすべて無視したではないか！」

男は驚いて言いました。

「えっ！　それならそうと、なぜおっしゃってくださらなかったのですか？」

神様は答えました。

「そんなことをしたら、いつも私の声が地上に響いてうるさくなる。だから、いつも黙って人びとに救いの手を差し伸べることにしているのだ」

50

過去を振り返ってもしかたない。今と未来を見すえて前に進め。

過去にこだわってはいけません。過去は昨夜で終わったのです。いったん過去の教訓を学んだら、今ここから歩み始めることです。

過去のことをくよくよ思ってもしかたがありません。過去を振り返っても、もうどうしようもないのです。あなたにあるのは、今と未来だけです。

今日はあなたの残りの人生の最初の日です。さて、あなたは今日からどう生きますか？

過去の敗北は水に流しましょう。今日からまた新たな戦いが始まります。あなたはたえず自分を磨き、戦いつづけなければなりません。

人生は毎日が戦いの連続です。さあ、ゴングが鳴りました。勇気を出して全力で戦い抜きましょう。

あなたは必ず勝つことができます。未来は確実にあなたのものです。必勝を期してがんばることです。

人間にとって大切なのは、つねに今と未来です。今ここから始めるのです。過去は変えられませんが、今と未来は思いのままに変えることができます。

おわりに

夢を持つと、必ず反対する人が現れます。しかし、どんなに反対されても、自分の夢を強く信じ、夢をかなえるために戦う覚悟をしましょう。

あなたが夢を持つと、周囲の人はそれを不快に思い、押しとどめようとするかもしれません。しかし、そんなことでくじけてはいけません。かのアインシュタインは「偉大なことをしようとすれば、凡庸な心の持ち主たちから激しく反対される」と言っています。

とにかく夢を見つけることです。夢がなければ、何も始まりません。とはいえ、あなたが夢について語り始めると、あなたを変人扱いする人が現れ、「夢なんか持ってもしかたない」と言うでしょう。

しかし、何を言われても気にする必要はありません。人は人、自分は自分です。あなたは遠慮せずに大きな夢を持てばいいのです。

どんな偉業も、その人が大きな夢を持った結果です。きっと誰かがその人をあざ笑ったことでしょう。しかし、その人は批判を気にせず、それを立派にやりとげました。

あなたも大きな夢を持ってください。そしてそれを実現して社会に貢献するために努力をしましょう。地道な努力を積み重ねれば、いつか必ず実を結びます。

アンソニー・バーグランド

参考文献

本書の執筆に際しましては、以下の書籍を参考にしました。

Carnegie, Dale. How to Win Friends and Influence People. New York: Simon & Schuster, 1981.『人を動かす』（山口博訳、創元社）

Castro, Daniel R. Critical Choices That Change Lives. Texas: Beartooth Press, 2005.

Chandler, Steve. 100 Ways to Motivate Yourself. New Jersey: Career Press, 2004.『あなたの夢が実現する簡単な70の方法』（弓場隆訳、ＰＨＰ文庫）

Dell, Michael. Direct from Dell. New York: HarperCollins, 1999.『デルの革命』（國領二郎監訳、吉川明希訳、日本経済新聞社）

Felleman, Hazel. from D. Walter Winter. "The Man Who Thinks He Can" Poems That Live Forever. New York: Doubleday, 1965.

Hill, Napoleon. How to Raise Your Own Salary. Illinois: Napoleon Hill Associates, 1953.『カーネギーの個人授業』（田中孝顕訳、きこ書房）

Hill, Napoleon. Think and Grow Rich. Florida: Frederick Fell Publishers, 2002.『思考は現実化する』（田中孝顕訳、きこ書房）

Hodge, Jack D. The Power of Habit. Indiana: 1st Books Library, 2003.

本田健『ユダヤ人大富豪の教え』（大和書房）

本田宗一郎『本田宗一郎　夢を力に』（日経ビジネス人文庫）

Jampolsky, Gerald. Forgiveness. New York: Atria Books, 1999.『ゆるすということ』（大内博訳、サンマーク出版）

Jeffress, Robert. The Solomon Secrets. Colorado: Water Brook Press, 2002.

Jordan, Michael and Vancil, Mark. I Can't Accept Not Trying. San Francisco: Harper, 1994.『すべてはゲームのために』（桑田健訳、ソニーマガジンズ）

Lewis, C. S. Mere Christianity. San Francisco: Harper Collins, 2001.『キリスト教の精髄』（柳生直行訳、新教出版社）

Liker, Jeffrey K. The Toyota Way. New York: McGraw-Hill, 2004.『ザ・トヨタウェイ』（稲垣公夫訳、日経ＢＰ社）

Lockhart, Alexander. The Portable Pep Talk. Virginia: Zander Press, 1997, 2005.

Matsushita, Konosuke. Quest for Prosperity. Kyoto: PHP Institute, 1988.

Maxwell, John C. Becoming a Person of Influence. Tennessee: Thomas Nelson, 1997.『求心力』（齋藤孝訳、三笠書房）

Maxwell, John C. Failing Forward. Tennessee: Thomas Nelson, 2000.『勝負強さを鍛える本』（齋藤孝訳、三笠書房）

Maxwell, John C. Talent Is Never Enough. Tennessee: Thomas Nelson, 2007.

Maxwell, John C. The Winning Attitude. Tennessee: Thomas Nelson, 1993.

Mortensen, Kurt W. Maximum Influence. New York: AMACOM, 2004.『心をつかむ技術』（弓場隆訳、ディスカヴァー）

ＰＨＰ総合研究所『松下幸之助　一日一話』（ＰＨＰ研究所）

Russell, Bertrand. The Conquest of Happiness. London: Routledge, 2006.『ラッセル幸福論』（安藤貞雄訳、岩波文庫）

Schwartz, David J. The Magic of Thinking Big. New York: Simon & Schuster, 1959, 1965.『大きく

考えることの魔術』（桑名一央訳、実務教育出版）
Schwartz, David J. The Magic of Thinking Success. California: The Wilshire Books, 1987.『大金持ちになる人の考え方』（弓場隆訳、ダイヤモンド社）
Scott, Steven K. Simple Steps to Impossible Dreams. New York: Simon & Schuster, 1998.
Tracy, Brian. Change Your Thinking, Change Your Life. New Jersey: John Wiley & Sons, Inc., 2003.『お金持ちになる人、ならない人の仕事術』（弓場隆訳、アスコム）
Tracy, Brian. Time Power. New York: AMACOM, 2004.『頭がいい人、悪い人の仕事術』（片山奈緒美訳、アスコム）
Urban, Hal. Choices That Change Lives. New York: Simon & Schuster, 2006.『1日ひとつ、小さな選択で人生を変える。』（弓場隆訳、サンマーク出版）
Urban, Hal. Life's Greatest Lessons. New York: Simon & Schuster, 2003.『「心の癖」を変える20の法則』（小沢瑞穂訳、ソニーマガジンズ）
若松義人『なぜトヨタは人を育てるのがうまいのか』（ＰＨＰ新書）

＊邦訳があるものも、引用箇所は原書から翻訳しました。（訳者）

人生が変わる習慣

発行日　2007年10月15日　第1刷
　　　　2007年11月5日　第3刷

author　アンソニー・バーグランド
translator　弓場 隆

publication　株式会社ディスカヴァー・トゥエンティワン
〒102-0075　東京都千代田区三番町8-1
TEL　03-3237-8321（代表）
FAX　03-3237-8323　http://www.d21.co.jp

publisher　干場弓子
editor　藤田浩芳
photographer　原典宏

promotion group
staff　小田孝文　中澤泰宏　片平美恵子　井筒浩　千葉潤子
早川悦代　飯田智樹　佐藤昌幸　横山勇　鈴木隆弘
大薗奈穂子　山中麻吏　吉井千晴　山本祥子　空閑なつか

assistant staff　俵敬子　町田加奈子　丸山香織　小林里美　冨田久美子
井澤徳子　古後利佳　藤井多穂子　片瀬真由美　藤井かおり
三上尚美　福岡理恵　長谷川希　島田光世　仲ひかる

operation group
staff　吉澤道子　小嶋正美　小関勝則
assistant staff　竹内恵子　畑山祐子　熊谷芳美　荒井薫　清水有基栄
鈴木一美　田中由仁子　榛葉菜美

creative group　千葉正幸　原典宏　橋詰悠子　三谷祐一　石橋和佳　大山聡子
田中亜紀　谷口奈緒美　大竹朝子

printing　株式会社厚徳社

ISBN978-4-88759-588-0